學習，動起來 2

上海：思考、提問、表達的學習

文－許芳菊　攝影－黃建賓

目錄

contents

1 | 2
3 | 4

1 外灘前宏偉的各國建築，展現上海的國際風華。

2 上海余山公園的高級別墅前，一輛超大的人力推車上堆滿叫賣的竹椅，形成強烈對比。

3 被單、內衣組成的萬國旗，仍是上海街頭隨處可見的街景。

4 幼兒園的小朋友。

1	2	3
4		

1 教育觀念逐漸改變的上海，不但在乎孩子的競爭力，也希望他們快樂、幸福。

2 上海華山路上老洋房與特色餐廳林立，是上海小資女品味生活的地方。

3 上海田子坊一角，由舊巷弄改造成創意時髦的商店街。

4 具有共產黨特色與資本風情混搭的文創商品，逐漸成為上海的另一種特色。

Tintin au Tibet

【企劃緣起】

啟動教與學的革命

何琦瑜—《親子天下》總編輯

二〇一二年，一場決定台灣未來的教育大改革正式啟動：十二年國教時代即將開始，整個社會再一次喧騰翻攪著關於基礎教育的討論。很可惜的是，多數的爭辯，仍然圍繞著「考試的題型」與「進入好學校的方法」。

簡化來說，台灣社會普遍存在著兩種極端價值觀的衝突：

一端是憂心忡忡的「精英主義派」，他們擔心：如果不考試學生怎麼會念書？如果沒有考試，學生怎麼管理？如果沒有考試，沒有辦法將學生分出層次，教師將無法因材施教，高中會陷落於平庸化，精英教育將會被消弭……

另一端是視考試為禁忌的「快樂學習」派，他們主張：只要有任何「類考試」形式的成績、比賽或競爭，都是該打擊、消滅，務必除之而後快的障礙。

彷彿要達到「成就每一個孩子」的理想，必須在「沒有考試」的前提下，才有實現的可能。這兩股看似相反的力量，卻恰巧有著極大的共識，都是「以考試為中心」展開對教育的檢驗和思考。十七年前的教改，從這裡出發，卻在困局中迷了路。即將邁向十二年國教時代的今日，絕對不能再以此為起點。

拜託！問題是教學！

做為長期關注教育的媒體工作者，同時也是家有兩個國中小孩子的母親，我很明白家長和教師，乃至第一線教育工作者們的焦慮。所有人都急著處理眼前立即會發生的困難：不考試怎麼入學？超額比序是否公平？我的孩子要補什麼才能進入好學校？明星學校會不會被消滅……但整個社會耗用了太多的資源在爭辯無謂的假議題，卻令我更為憂心。

這個號稱極度關注教育的國度，卻鮮少人真正在意並了解學生們的「學習」歷程，鮮少人討論全世界更關注的教育趨勢：在這變化愈來愈快的全球化社會中，當google搜尋得到所有過去讓學生死背的資訊之際；當研究顯示，現在小孩們未來的工作，六成都還未發明之時，我們的基礎教育，到底應該教些什麼，才能幫助下一代得以擁有自我實現的人生？幫助整個國家擁有不斷提升、進步的潛能？

這是一個目前仍舊沒有標準答案的難題，但許多國家都在勇於探索、實驗、尋找適合自己的「最佳解」。面對十二年國教，除了「考試的科目」與「入學的方法」之外，我們更應該要問的是，基礎教育的第一現場：學校、教室、教師，到底應該要做哪些改變，才能幫助下一代，更有適應未來社會、實現自我的能力？走訪台灣的國中，那種與三十年前雷同，「不變應萬變」的教學現場：一位聲嘶力竭拿著麥克風從頭講到尾的老師，多數沉默被動的學生。不變的教室風景，早已無法因應新時代與新需求。

根據《親子天下》的調查顯示，近六成的國中生沒有強烈的學習動機；近六成的學生，下課後鮮少有意願主動學習新知，包含看課外書、培養自己的興趣嗜好，都意興闌珊；三年的國中教育，並沒有幫助國中生裝備自己，成為更有自信、更熱愛學習的人；反而「愈學愈不滿意，愈學愈失去熱情」。學校教育，加速讓學生「從學習中逃走」。

《親子天下》的調查結果並不獨特。在多次TIMSS「國際數學與科學成就趨勢調查」中也發現，台灣十三歲國中生的數學與科學成績稱羨國際，通常都能拿到世界前三名，但是國中生的學習興趣與自信，卻超級低落。學習，是一種沒有樂趣的「勉強」。但，僅僅是拿掉基測與考試，學生的學習動機、熱情與意願，就會「恢復正常」了嗎？答案恐怕也是否定的。

考試之外，教師的新裝備

長期以來，「考試」，已經是台灣教師管理或刺激學生學習唯一且最重要的工具，如今斷然拿掉了考試，卻沒有提供教師新的裝備與能力。這種情況就好像是零體罰入法之後，教師傳統的管教工具——體罰被拿走，卻沒有建構新的輔導管理知能，教室必然會面對一場管教或學習的「真空期」，混亂和束手無策的無力感充斥。

應該要更積極的，是去想像、準備，沒有了「考試領導教學」，或是「考試取代教學」的緊箍咒之後，新的教學風貌應該是如何呢？

做為長期關注教育的媒體，《親子天下》因而規劃了連續三期的越洋採訪，試圖帶讀者走到世界，探索二十一世紀，新的學習樣貌：

鄰近的日本，正在進行一場「學習共同體的革命」。日本曾與台灣有著雷同的命運。二〇〇二年，日本政府實施「寬鬆教育」，減少三成的教科書內容、增加選修、降低必修課程分量，回應社會普遍對於「學生壓力太大」的呼求。但降低期待與內容的快樂學習，卻無法重建學生的學習動機、解救崩壞的學力。

於此同時，東京大學教育學研究科教授佐藤學，開始推動「學習共同體」的革命，試圖從問題的核心：教與學的改造切入。他帶著老師和學校打開教室的大門，透過不斷的觀課、同儕學習，打造老師成為「少說多聽」的「學習專家」。學生從學習的「旁觀者」，透過專題式的教學設計與活動，成為課堂中活躍的「參與者」。這場寧靜革命成功改變了三千多所學校的風貌，許多面臨崩壞的公立學校，重新找回失落的學力，也改善了校園霸凌、少年犯罪等，因「學習的無效」衍生的問題。

二〇一二年成功辦完奧運的英國，更激烈的在全面導入中小學的自由化：鼓勵更多公辦民營學校，讓有領導能力的校長，得以擁有更多資源與自主權，「管理」更多學校。讓每個學校得以根據當地學生的需求，發展差異化的課程和教學，滿足不同家長和學生，更多元的教育選擇權。

另一方面，英國政府撥出十四億台幣的預算，將「創造力教育」導入中小學，把藝術家帶入校園，激發「多元的學習方式」，幫助偏鄉、弱勢的孩子，提升基礎教育的品質。

影片中，英國學校的教室樣貌、學習途徑如此多元，從「學習者」出發的學習環境與教學體驗，不是貴族學校的特權，而是更多使用在弱勢、邊陲、甚至是中輟生的學習上；移民英國的台灣女孩洪少芸的故事，在在提醒我們，除了「升學」之外，台灣基礎教育還有太多值得思考和規劃的重點。

二〇〇九年，上海在ＰＩＳＡ國際學生能力評量中，獲得閱讀、數學、科學三項世界第一，驚動了歐美等先進國家，國際媒體不約而同的探索「上海模式」，想了解這個曾被認為落後的中國，如何在短時間內躍進教育。

《親子天下》的採訪團隊，原本抱持著質疑的偏見，揣想這又是中國大陸極權政府民族主義的操作結果。但在採訪上海二次教改的變革中，我們卻著急的發現台灣的落後。上海ＰＩＳＡ研究中心副主任陸璟，在影片中的專訪，緩緩的說，上海導入ＰＩＳＡ，目的是希望上海的教育，能以「國際的座標」來衡量質量，借重比較成熟的、有公信力的國際測試，建立自己的教育監測系統；同時培養政府得以「基於證據做教育決策」的能力。陸璟的每一句話，都深深重擊台灣教育政策品質的脆弱。

上海導入國際標準，改造教科書與教學，培養學生整合性的思考能力。這一、兩年陸續有台灣的學者專家、校長老師往返上海考察，大概都有共同的觀察和指向：上海的課程改革，讓教室內的學習重點，大幅擺脫過往「滿堂灌」（填鴨）的陋習，課堂中透過長篇有意義的文本，導引師生間的討論與提問，多過於「將課文碎屍萬段的教導」。

從日本、英國到上海，另一個值得台灣警醒的共同行動，是關乎「教師的學習與專業精進」。

當台灣還在為「校長觀課是否合乎法源」、「校長觀課會傷害老師職業尊嚴」爭論不休，不敢有所決定之際，鄰近的「競爭者」上海，早就把觀課、評課，當成教師同儕學習必要的「裝備」。在中國也早有和日本合作，導入「學習共同體」的學校。

不論先進國家如英國，鄰近已開發國家如日本，甚或被認為社會某些部分發展還不及台灣的中國上海，教師的精進與學習、教師團隊的建構、教師角色的轉型，都是教育改革最前鋒的關鍵重點。

沒有任何一種教育的改革，可以脫離「教室與課程的內涵」、不理會「教師的成長」，而獲致成功。我們很欣喜的看見，在《親子天下》雜誌連續報導日本、英國、上海的個案後，有遠見的教育政策領導人，已經開始採取作為，往這兩個關鍵鷹架挪動。台北市、新北市的教育局長，已經宣告要規劃啟動中小學的「學習共同體」專案。台北市的特色招生考試，也決定採取參考PISA的模式，以能力導向的素養題型，試圖導引教學現場擺脫背多分的填鴨練習，培養學生更多獨立思考、判斷、邏輯推理的能力。

除了雜誌報導之外，在此次越洋專訪中，《親子天下》也特別拍攝了教學和報導現場的影片。讀過平面報導的讀者們，看到影片可以更能身歷其境，感受國外學習現場的氣氛，看見更多「具體」的課堂操作歷程。除了九月底出版英國和上海的影片專書外，我們也預計在明年初推出日本學習共同體的影片，希望提供給關心教育的讀者，更多元的視聽閱讀素材。

特別希望釐清的是，報導這些其他國家的經驗分享，並不是為了要稱頌「外國的月亮比較圓」，也不是期待有人照單全收，有樣學樣。事實上，從影片或文章中，我們也可窺見每個國家都有自己的難題。但台灣的焦慮並不獨特，無法自外於世界的潮流和變化中。我們期待，這些國外的案例、故事或素材，能夠幫助整體社會對於教育的討論，跳脫當下本地本國的爭議，提供一些望向遠方的視野，激盪出對教育的「另一種想像」。

從各國的經驗中，我們或許可以初步斷定：這場學習革命，不應該期盼單一或少數教師的改變，就能扭轉劣勢。而是需要整個系統的翻身改造，更需要家長和整體社會價值觀的支撐。

《親子天下》希望，透過這些跨國的採訪和分享，陪伴讀者一起探索二十一世紀學習的意義與方法，找出台灣教育的新路。

5大改造

上海教改啟示錄

為什麼上海的中小學，一學期能教三十三篇課文，台灣卻只能教十三篇？
為什麼上海的課堂上，學生能不斷提問、不斷討論？
為什麼上海的老師再也不必單打獨鬥，而能集體成長？
這一切改變，是如何發生的？
有哪些值得台灣參考？

早上八點，上海人的上班時間，徐家匯的馬路中間站滿了攔計程車的人。我與同行的兩位攝影，原本還優閒的站在路邊攔車，很快的，我們就明白，一定得勇敢的擠到馬路中間跟大家搶，才能攔到車子。

來到上海，讓人瞬間激發出本能的生存能力。

上海人的敢於搶先、勇於競爭，也表現在他們的教育變革上。

在二〇〇九年的PISA（The Program for International Student Assessment，簡稱PISA）評比中，上海中學生在閱讀素養、數學素養、科學素養都拿到第一。

PISA評比是OECD（經濟合作暨發展組織）在一九九〇年代末期，開始針對十五歲學生在數學、科學、閱讀素養上，所做的持續、定期的國際評比。PISA評比和一般人所想像的考試不同，考題的設計主要在評估十五歲的學生能夠將他在學校所學的知識與技能運用到生活的程度。

PISA評比結果，在國際上被視為是對於一個國家人才、國力的大檢核，相當程度的呈現了一個國家或地區的競爭力。

在二〇〇九年的PISA評比中，共有六十五個國家與地區參加。其中，台灣是第二次參加，上海則是首次參加。而第一次參加評比的上海，成績一公布，就震驚全球。美國總統歐巴馬在公開演講中多次提及上海，希望美國教育要多向上海借鏡。歐洲各國媒體，包括法國、德國都派出記者到上海採訪了解。

在這次評比中，台灣在閱讀素養排名二十三，數學第

在2009年的PISA評比中，上海中學生在閱讀素養、數學素養、科學素養都拿到第一。

五名，科學第十二名，皆比第一次參加時退步。閱讀素養更遠遠落後上海(1)、韓國(2)、香港(4)、新加坡(5)與日本(8)。對於這樣的成績，當時台灣有不少人反應：「拿台灣跟上海比不公平，因為上海是大都會，台灣是全體抽樣，有城鄉落差……」「上海學生有榮譽感，把參加PISA當做為國爭光，全力以赴；台灣學生要準備基測，所以PISA隨便寫一寫……」

來到上海，才發現事實並非如此。

上海雖是都會區，但常住人口超過兩千三百零一萬人，幾乎和整個台灣的人口一樣多，要做到教育均衡，絕對不比台灣容易。

親自採訪了多所上海的中小學老師、校長與上海PISA中心的研究人員之後，才發現，大部分老師、學生，在考試當時（甚至到現在），根本都不知道PISA是什麼，遑論事先準備。

PISA成績的優異，不能保證上海的教育真的是世界第一。但是三項第一的背後，上海的教育，有什麼獨特之處，卻是值得探索、借鏡的。

在台灣啟動十二年國教的關鍵時刻，走訪上海教改第一現場才發現，在這裡看到的不僅僅是上海本身，而是整個世界舞台。自從大陸改革開放以來，上海一直積極與國際接軌，努力的把自己放在國際的座標上跟全世界較量。過去十年來，上海領先大陸其他城市，經歷了一場轟轟烈烈的二次課改，希望透過教育帶領孩子走向世界、走向未來。教改這條路，上海如何走過？又給了台灣哪些發人深省的啟示？

上海小檔案

人口等於一個台灣：常住人口約2,301萬人

面積約為台灣1/6： 6,340.5平方公里

學制：小學五年、初中四年、高中三年，六年級一般被稱為「預備初中」。

教改推動：

1. 上海與大陸其他城市不同，不但有自己的課程綱要、自編的教材、對於中考（國中考高中）、高考（高中考大學）的考題，也都有獨立命題權。
2. 上海於1988年展開第一期課改，1998年推動二次課改，2012年，開始實施見習教師培訓制度。

啟示1 課堂大改造——把學習主動權還給學生

走進上海新黃浦實驗小學三年級的語文課，孟慧老師一上課就問學生：「今天要討論的課文議題是什麼？」只見學生一個個像鹹蛋超人般神勇的舉手，熱烈的回應。

再走進上海建平中學西校，八年級的語文課，老師先放了一段一分鐘學生拍的「微電影」，這是上堂課給學生的作業，主題是「長輩」，緊扣著今天要說的主題——「外婆的手紋」。

這裡和在新黃浦實驗學校看到的情景一般，短片播放後，老師開啟了一連串的提問、討論。這樣一堂課，跟傳統上老師從頭到尾一段段講解課文、解釋字詞，學生以聽講為主的景象很不同。在這裡，學生起來發表、討論的時間多，靜靜聽課的時間很少。

上海過去的課堂，其實也是老師「滿堂灌」（填鴨）、學生被動聽講的情景，但是在上海二次課改之後，若還這樣上課，套句上海老師自己說的：「這是把課文『碎屍萬段』，肯定會在評課的時候被批得體無完膚。」

自詡為「發達地區」的上海，是全中國大陸教改的先鋒。在一九八八年到一九九七年之間，就進行了從幼兒園到中小學的一期課改。一九九八年，也正是台灣如火如荼進行教改的同時，上海也展開了二次課改。

參與了二次課改課程與教材規劃的上海華東師範大學教授鄭桂華指出，上海的一期課改，主要以學科為中心，強調知識的建構；但到二次課改，順應國際潮流，課改走向以學生為中心，強調學生要有綜合能力，以培養學生的「創新精神」和「實踐能力」為目標。

二次課改之後，上海中小學課堂有了大轉型。上海北蔡中學語文教師葛筱寧指出：「一堂好課，基本上是圍繞在創新與實踐這兩件事，看你有沒有激活這學生的創新精神、有沒有機會讓他實踐。如果有，這就是一堂好課。」

啟示2 課程大變革——
基礎、拓展、探究型課程兼備

在培養「創新精神」與「實踐能力」的目標下，上海二次課改也對中小學的課程，做了一次轉型。

二次課改後的課程架構包括：基礎型課程、拓展型課程、研究型課程兼備。

鄭桂華教授指出，基礎型課程主要培養學生必須達到的能力，也會有傳統的練習與背誦。拓展型課程則根據孩子的興趣給予另外的學習，例如，由學校設計課程，星期五下午兩節課由學生去選修（類

二次課改，順應國際潮流，課改走向以學生為中心，強調學生要有綜合能力，以培養學生的「創新精神」和「實踐能力」為目標。

似台灣的社團活動）。探究型課程則強調問題意識、問題解決能力。例如學校旁邊有條河，河水有問題，就會讓學生組成一個學習小組，取水樣、做實驗，發現生活中的問題，去解決。

探究型課程從小一就進入課表，一週有兩節。新黃浦實驗學校副校長湯國平指出，在新黃浦，探究課不限於一門課，它是綜合性的。從小一開始，每學期選兩個問題，圍繞這主題，大家分頭查訪資料，然後進行交流，最後形成觀點。「問題也許很簡單，但最重要的是要讓學生參與，要讓學生能夠主動的發現問題，」湯國平說。

啟示3 教材大翻新——

從知識走向思考、感受、探究

在課程改革的同時，上海的中小學教材，也同時進行著大翻新。

鄭桂華教授指出，上海二次課改後，教材最大的改變，是更強調學生對文本的體驗，而不是只有對作品的理解，它也會強調學生個人的閱讀感受，作業的練習題也朝這方向設計。

以上海七年級的語文教材為例，每篇課文之後，都有清楚的「學習建議」，包含「閱讀」、「表達」和「積累」。

在「閱讀」的學習建議裡，都是跟思考練習有關的題目，例如：文中寫了「媽媽」和「大姨」兩位母親，他們在對待子女的態度上有什麼共同點？

在「表達」的學習建議中，則側重讓學生運用的能力，例如：課文從「我」的角度來講述故事，請嘗試換一個角度（例如：表哥或媽媽的口吻），小組交流一下。

在「積累」的學習建議裡，則比較類似台灣熟悉的字詞解釋與練習，但他們更鼓勵學生從課文延伸出去，自己去查資料，積累更多類似的字詞。例如，悲愴（體會一下與「悲傷」在感情程度上的差異），這些學習建議，不只是老

拓展型課程則根據孩子的興趣給予另外的學習，類似台灣的社團活動。

師上課提問討論的參考，也是學生在家需事先預習的作業。

當我好奇的詢問上海的小學生，老師在課堂上沒有做很多課文的解釋，你們看得懂課文嗎？他們幾乎不約而同的回答：「這些我們都在家裡自己做了。而且老師說，不懂就問，錯了沒關係！」

走訪上海的中小學，發現他們很重視課前預習，與小學生訪談，幾乎從一年級開始，老師就會詳細指導，如何在家先預習課文。例如，先朗讀兩遍，把不會的字詞先查一查，或是不懂的問題提出來問老師。

上海江寧學校語文科教師傅冰冰描述二次課改後，「老師不再是去教教材，而是用教材來教。除了把這本語文教材教好以外，我們還會去想：『還能為學生做什麼？』」江寧學校語文組老師，自己就發展了「主題閱讀」的課程，讓學生在課本之外，每學期還能跟著不同老師深入閱讀一本書，像是泰戈爾的《漂鳥集》，或是莎士比亞的戲劇。

上海的中學語文教材，每冊約三十三篇文章，台灣則大約只有十三篇文章。上海能用一學期教完這麼多課文，最主要的還是他們著重於整體思考、感悟、表達的訓練。上課節奏快，一堂課大約可以教完一篇文章，有些課文甚至讓學生自己閱讀，不像台灣教得很細、很碎，往往三、四堂課才教完一篇課文。

啟示4 教師大轉型——

從教學者變成學習共同體

星期四的下午，上海北蔡中學的教室裡，特級老師唐水明與姚為州，帶領十七位學員，進行他們兩人為年輕教師開設的教學精進工作坊。就在同時，上海建平中學西校裡的語文組老師，則在進行一堂公開課後的觀課討論，只見每位老師手上的「聽課紀錄」本，密密麻麻寫著他們的觀課心得。

這樣的學習交流，並不是為了教師評鑑，而是為了形成教師的「學習共同體」，協助老師專業發展。

上海二次課改帶來的最大改變，除了學生能力的轉變，還有老師能力與角色的轉變。

一張講台、一枝粉筆、老師從頭講到尾的課堂逐漸消失。愈來愈多對話、提問式的教學，學生參與愈來愈多，教室的大門也愈來愈開放。教師從課程的實施者，轉變成課程的建設者。

為什麼老師可以有這樣大的轉變？鄭桂華教授指出，老師可以改變，主要是透過各種教師研習，把老師推進到教改方向，轉變他們的教學方式。

親自走訪上海，深刻體驗到這裡的中小學教

觀課老師認真的寫著「聽課紀錄」。

師，有綿密的共同學習網絡。不但學校裡有備課組全盤規劃每學期的集體備課活動，每個學校、每位老師都必須定期的上公開課讓其他老師觀課、評課。此外，還有特級老師開設的教學工作坊，透過課堂演練、交流討論，精進教學能力。所有的教師研習，都聚焦於現場教學能力的提升。

在中國大陸，教師的養成與培訓已經進入國家的十二五規劃裡（中國以五年一個時間段來做國家的中短期規劃，「十二五規劃」就是第十二個五年規劃綱要。）從教育部到地方，人力、財

上海二次課改帶來的最大改變，除了學生能力的轉變，還有老師能力與角色的轉變。

政上都投入許多資源。從今年開始，上海更領先大陸其他地區，展開「教師見習制度」，大學畢業以後，第一年當老師的人都要到見習教師培訓基地受訓一年，通過考核之後，才能成為正式的教師，以拉高進入教師這個行業的門檻。

負責上海普陀區語文科見習教師培訓的江寧學校校長吳慶琳指出：「學校光靠幾個好老師是不夠的，要整個教師團隊好才行。」

上海現在在各小學推動「快樂活動日」，每週有半天時間，以學生活動為主，沒有考試、沒有作業。

江寧學校語文組老師，自己就發展了「主題閱讀」的課程，讓學生在課本之外，每學期還能跟著不同老師深入閱讀一本書。

啟示5 教改大反思——

考試制度使上海課改受限

上海的二次課改，到底算不算成功？回顧過去這十年，有許多人對上海的課改提出反思。鄭桂華教授指出，二次課改剛開始，大家都一股勁兒的強調要學生多講，甚至有人認為老師一堂課講超過十五分鐘就不好，可是到了二〇〇七年左右，發現學生說得多不見得可以提高學生的素養，所以很多觀摩討論聚焦在「老師教什麼？怎麼教？這樣教合不合適？」

到了這一、兩年，開始有人批評二次課改，太強調思考、感悟，忽略了基礎的學習、知識的學習。於是有老師強調既要感悟，也要訓練。「其實，我們也走了很多彎路，」鄭桂華說。

曾經來台觀摩教學的特級教師姚為州就指出：「我們要向台北的老師學習『實』，他們則可能要向我們學習一點『活』。」

去年才來台灣參訪交流的葛筱寧老師則觀察到：「台灣教學的長處在於能很扎實打下中華傳統文化的根，可以把這

大陸教師的分級制度

大陸教師分為高級、中級和初級老師。此外還有一些榮譽稱號，例如特級教師。

特級教師要有專著和影響力

初級教師一般是大學本科生，畢業1年就可以成為初級教師。初級到中級要經過5年時間，並且要通過專業科目的筆試，還有論文、公開課與4年的帶班經驗。然後再經過5年，類似初級升中級的考核，升到高級教師。特級教師則要有自己的專著、要有自己的影響力。

骨幹教師、學科帶頭人為另一路線

除了教師分級制度，大陸的教師還有分骨幹教師、學科帶頭人等職稱，主要是一種專業上的認可，並非終身職，但也是有一個評審過程。老師在生涯發展上，可以朝教師升級和骨幹教師、學科帶頭人這兩條路線同時發展。

上海的中小學幾乎從一年級開始，老師就會詳細指導，如何在家先預習課文。

些成語、典故、詞語整理出來，就是把中華文化的根，固定住；上海學的比較活，就有點浮。」

整體來看，不論是現場老師或教育學者，都肯定上海二次課改的大方向。但是即使PISA評比拿到三個第一，上海民眾對教育的滿意度卻不高，這又是為什麼？

主要還是因為上海的學生仍面臨著中考（類似台灣的基測）、高考（類似台灣的大學學測、指考）的升學壓力。為了擠進升學率高的明星中學，孩子在小學，甚至幼兒園階段就要想方設法卡位、掛勾。擇校壓力，成為上海父母揮不去的夢魘。

孩子從小在上海求學的台商媽媽陳婉蓉回憶，當年兒子還在讀幼兒園的時候，身旁的媽媽們都已經如火如荼的在準備小學的考試。當她帶著兒子去報名一所重點小學，「真的很像去應徵工作，小孩就一個個叫上去面試。」

在上海工作將近十五年的台商媽媽朱雅玫也感慨的說：「當年兒子讀預備初中時，變得很不快樂，因為永遠都被要求考得更好。」她也發現，上海的中學只重視語英數這幾個考試科目，很不平衡，最後她將孩子轉到另一所中學的國際部，孩子才重新燃起學習的熱情。

大陸知名的教育學者、二十一世紀教育研究院副院長熊丙奇不客氣的指出：「我們喊素質教育已經喊了二十五年了，但現實情況是，學生的學習壓力比二十五年前還重，因為我們的考試、評量機制沒改，很多改革其實是帶著腳鐐跳舞。」

相較於台灣正在進行的十二年國教，熊丙奇認為，上海的課改其實只是微觀改革，「微觀改革起的效果是很有限的，台灣做的十二年國教是宏觀改革。從考試制度先改，會比較有效，但陣痛期會很長，」熊丙奇說。

PISA成績公布，上海PISA研究中心不但沒有興奮之情，反而主動提出檢討改進的方案。其中一項建議，就是「減負」（減輕學生負擔）方案，上海現在在各小學推動「快樂活動日」，每週有半天時間，以學生活動為主，

上海的目標是希望教育做到高質量、輕負擔。

沒有考試、沒有作業，希望學生透過更多的生活體驗來學習。上海PISA研究中心副主任陸璟說：「我們的目標，是希望上海的教育做到高質量、輕負擔。」

上海與台北，大陸與台灣，兩岸的教育，在過去十年來，有著不同的改革與進展，面對未來，上海似乎已看清方向。比對岸更為自由開放的台灣，在上海人眼中更具文化水平的台北，是否能更開闊的看看世界，走出一條更寬廣、更優質的教改之路呢？

台灣 VS. 上海 閱讀素養比一比

從 2009 年 PISA 閱讀素養的評比結果，可以看出台灣與上海，在教育品質上的哪些差異？

表1 2009年PISA「閱讀素養評比」結果：上海領先

	整體 排名／分數	擷取與 檢索資訊 排名／分數	統整與解釋 排名／分數	省思與評鑑 排名／分數
台灣	23 （495 分）	23 （496 分）	18 （499 分）	24 （493 分）
上海	1 （556 分）	1 （549 分）	1 （558 分）	1 （557 分）
OECD 平均分數	493 分	495 分	493 分	494 分

表2 從PISA結果看「教育均質程度」：上海較均質

	上海	台灣	OECD 平均
閱讀素養標準差	80	86	93

●說明：就標準差而言，台灣高於上海，表示台灣學生閱讀素養得分高低差大於上海，這代表上海學生閱讀素養較為均質。

表3 從PISA結果看「學生素質」：上海高端學生多，低端學生少，台灣則相反

各國不同閱讀水準人數比例對照（%）

註：數字顯示為未達水準 2 和達到水準 5 以上

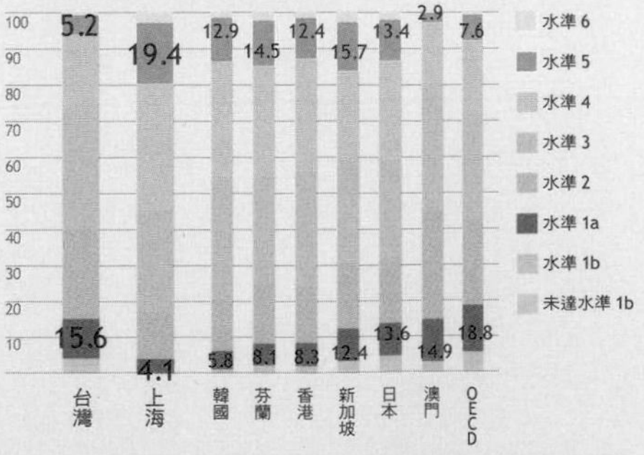

●說明：PISA 按照得分高低，把各國學生得分，分成 1 到 6，及 1 以下，共 7 級。分數到達水準 3 的學生，可以勝任日常生活各種基本任務；水準 5 以上為表現優異。上海閱讀素養達水準 5 以上的頂端學生比例 19.4%遠高於台灣 5.2%。而未達水準 2 的低端學生比例，台灣達 15.6%遠高於上海 4.1%。顯示，台灣頂端學生少，低端學生多。上海則剛好相反。

資料來源：上海 2009 年國際評估項目（PISA）結果概要、台灣 PISA 2009 結果報告

教改現場

新黃浦實驗學校

孕育熱愛學習的共同體

隨時都把手放在桌上準備迅速舉起，上海的小學生樂於發表，勇敢提問。帶領讀者親臨上海新黃浦實驗學校的課堂現場，看「學習共同體」的教學如何實現。

星期二上午九點，上海新黃浦實驗學校小學三年級的教室裡，傳來一陣朗讀詩詞的聲音，那聲音洪亮帶勁，捲舌兒的韻味，聽來特別有趣。三十幾個孩子齊聲朗讀完畢，孟慧老師俐落的展開今天的課文〈攀登世界第一高峰〉，這是一篇關於四位中華健兒在一九六〇年首度攀登上世界第一高峰——「珠穆朗瑪峰」的故事。

「今天要討論的課文議題是什麼？」孟慧老師問。

此刻，幾乎隨時都把手放在桌上準備發言的學生們，立刻迅速舉手。「我想要知道他們是什麼時候登上去的？」一個女孩說。

「我想知道他們怎麼樣上去的？」一個男孩問。

「我想知道他們去的世界第一高峰是哪裡？是哪一座山峰？」

「我想問，他們最後成功了嗎？」

「喔！結果怎樣？」孟慧老師聽完孩子的提問，轉身將問題關鍵字寫到黑板上。

接著她說：「好，你們把書翻到一〇一頁，我們來讀讀課文，看看讀了課文之後，這些問題能不能迎刃而解呢？誰來讀？」

老師才剛問完，立刻又見眾小孩把手像劍一般快速舉起。老師節奏明快的點了幾個孩子，他們就一個個站起來，抑揚頓挫、帶著感情的大聲朗讀起來。

老師又說：「好。接下來這些生字、生詞，誰會讀？」

可以想見的，學生舉手踴

上海新黃浦實驗學校的語文課上，老師剛問完問題，學生個個迅速舉手，搶著回答老師的提問。

躍，被點到名的學生一個個站起來，放開喉嚨，領著全班一起讀：「逾，逾越」、「階，台階」……

接著，老師又提問：「讀完課文之後，你知道世界第一高峰是哪一座山峰？」

「珠穆朗瑪峰！」

老師接著問：「有沒有同學查了珠穆朗瑪峰的資料？」

一位同學舉手，唸出了他在家查的資料。

此時老師指著黑板剛才寫上的問題——世界第一高峰是哪座山峰？「這個問題我們解決了。接下來，我們來討論，什麼時候誰攀登哪兒？我們來解決下面的問題……」孟慧老師說。

課上得很緊湊，學生也很積極參與，即使有些孩子回答問題時，緊張的舌頭打結了，老師會輕輕說：「還沒想好，是嗎？沒關係，你先坐下。」

問題一個接著一個，學生搶著回答，上課氣氛其實有點緊張，但孩子似乎習慣了。學生不但熱衷舉手發表，小組討論氣氛更是踴躍。課堂中，老師請同學四人一組，分組討論文中的精華段落，小組討論後，讓他們小組集體發表。

發表的時候，有些小組會挑出喜歡的段落一起朗讀，帶頭的小組長會說：「來，讓我們一起朗讀這一段……」很有領導的架式。小組其他成員則會陸續站起來分享他們的心得或回答其他同學的提問。

有了學習小夥伴，上課更積極

新黃浦實驗學校課堂所呈現的，其實是上海二次課改後，教室裡常見的景象。

副校長湯國平指出：「過去傳統的教育讓學生的思維過於一致，有問題也不敢提。現在我們鼓勵學生大膽的提問。我不行，小組裡的同學，大家一起幫助我來學，來交流。讓學生參與到學習過程，老師就是一個穿針引線的角色，遇到學生解決不了的問題，老師就來點一點，真正的把課堂交給學生。」

孟慧老師發現：「學生自主學習的能力愈來愈強，老師就是要保持學生的學習興趣。」

由於從小學就不斷的訓練，學生也變得很勇於表達、勇於提問。觀課結束，我忍不住私下問孩子：「你們好愛問問題？有特別練過嗎？」

小五女生賈妮莎說：「我們平常有問題就問老師，弄懂了就

在鼓勵主動學習的環境裡，孩子們變得熱愛學習、喜歡上學。

好，不懂就問。」

我好奇的問孩子們是怎麼預習功課的，就讀小學三年級的女孩元迪告訴我：「就先讀讀課文，不懂的地方劃上問號，可以在課堂上提問，也會到網上查資料。」

在這樣鼓勵主動學習的環境裡，孩子的學習都顯得很有後勁，也比較懂得學習方法；更重要的，孩子們變得熱愛學習、喜歡上學。

賈妮莎睜著她水汪汪的眼睛主動對我說：「我覺得上學好開心，回家好無聊，家裡沒伴啊！」

童言童語的賈妮莎，彷彿說出了學習的祕密。

上海建平中學西校

打開教室大門，老師一起練功

在上海，所有老師都要不斷的透過觀課、評課、上公開課，一起練功。

我們走進上海建平中學西校，體驗了一場原汁原味的公開課。

這是一堂八年級的語文公開課，上課的地點很特別，是在學校的大會議室。放眼望去，會議室後面幾排坐滿了手上拿著「聽課紀錄」本子的老師；前方，則是學校自己架設的攝影機。坐在我身旁的建平中學西校副校長劉明誠告訴我，我正巧，可以看到一堂「原汁原味」的公開課。

公開課的精采在於，這堂課上完之後，所有來觀課的老師會立刻進行討論。今天要上的課文，是篇現代文選：〈外婆的手紋〉（手紋，指針線活兒）。

老師帶領學生朗讀五分鐘古文後開始上課。她先放了一段一分鐘微電影，這是上次給學生的功課，以「長輩」為主題，請學生拍攝一分鐘短片。影片結束，老師開始提問：「這樣一個短片，展現了什麼樣的主題？」

原本看似壓抑、嚴肅的國中孩子，一旦被老師點名回答，都能站起來侃侃而談。例如，老師提問：「作者文章裡哪些畫面深入到你的感覺裡？」

被點名的男同學回答：「外婆對生活的理解很深刻。例如外婆在縫衣服的時候說：『人在找一件合適的衣服，衣服也在找一件合適的人。』」在帶領討

觀課結束，老師立刻展開評課討論，給上公開課的老師回饋建議。

論的過程中，學生發現作者的太太、女兒，對外婆的手紋似乎有不同的感覺。於是，老師抓緊這個點，要學生去思考、討論，他們之間為何會有不同看法。有學生解釋，是因為時代背景不同，所以女兒無法體會外婆的心意。此時，一位女同學舉手提問：「作者的妻子跟他的時代應該是相同的，為什麼他妻子也不能理解先生對外婆手紋的感情？」這個提問，讓課堂霎時有了點火藥味。老師一方面分享了自己的想法，也鼓勵其他學生來想想這問題。

課堂尾聲，老師播放了更多位學生的一分鐘微電影，有人拍爸爸教他煎蛋的情景、有人以外婆每天親自做菜送到孫子家為情節……大家看著影片，笑聲不斷，討論愈來愈High！

公開評課精采展開

下課後，真正精采的評課開始。評課的氣氛雖然有點嚴肅，但討論卻很聚焦、扎實。教學組長楊曉東先請上課的楊銘老師說明教學設計，接著大家討論觀課的心得。一位老師發言：「微電影非常好，我回去肯定要嘗試著用，這的確是一個亮點。」

另一位女老師回應：「把微電影放後面會怎麼樣？學生前面有點游離，沖淡了語文課。」

一位年輕老師分享：「學生提的問題，如果遇到我，可能就不知道怎麼回答他了。我覺得楊老師回答非常巧妙，所以我就把它記下來了，」這位老師認真的讀著聽課紀錄本上的筆記。

一位資深的老師則說：「整堂課聽下來有一點小小的遺憾，很多精采的東西都是老師讀這篇文章感悟得很好，然後老師歸納呈現，如果讓學生沉浸去，這些美的東西，學生也能捕捉出來。」我在一旁聽著老師之間的討論，忍不住問了一句：「觀課跟被觀課的老師有什麼感受？」

一位女老師回答：「我特別喜歡聽年輕老師的課，他們總是出了好多的花樣。如果不聽這節課，我大概一輩子也不會想到用微電影這個功課。」

今天上公開課的楊銘老師則說：「不管是組內、或校內，都是集體的智慧，大家聽完你的課，給你提一些意見，大家是在幫助你盡善盡美，沒什麼壓力的。」

副校長劉明誠指出，在建平中學西校像這樣的觀課、評課、上公開課，單雙週都在進行。單週是校內同組的老師一起觀課、評課。雙週就是校外的研習，每個老師都有被觀課的機會。一次次觀課、評課、上公開課的經驗，鍛鍊著老師的功力。在上海，可以看到老師的專業能力，是怎麼被磨練出來的。

教改現場

大陸民間版教改運動

新教育實驗，要分數也要幸福

除了官方主導的教育改革，中國大陸也正在默默的進行著一場民間版的教改運動，他們的目標，是要讓師生過一種幸福完整的教育生活。

車子行駛在上海通往江蘇的崇海大橋上，橋下是滾滾的長江，江水混濁，一如江面上的空氣，灰濛濛的一片。我們的目的地，是離上海約兩個小時車程的江蘇海門市，人口約一百多萬人。

海門市看來不起眼，但這裡卻是大陸民間教改運動的實驗城市之一。當地教育局與新教育基金會合作，在全市推動「新教育實驗」。

什麼是「新教育實驗」？坐在位於上海虹口區、由企業所捐贈的辦公室裡，新教育基金會祕書長王勝指出：「新教育實驗的宗旨就是：讓師生過一種幸福完整的教育生活。」

當上海官方正積極推動二次課改的同時，大陸的民間也開始興起了一股教改的力量。中國人大常委、蘇州大學教授朱永新在二〇〇〇年出版《我的教育理想》引起許多共鳴，成為全國暢銷書，從此掀起一股民間教改的浪潮。

朱永新所提出的教育理想，包括四個改變：改變教師的行走方式（指推動教師專業成長）、改變學生的生存狀態（通過教師成長，帶動學生成長）、改變學校的發展模式（追求分數、考試之外，更值得追求的目標，例如建立書香校園）、改變教育的科研範式（倡導能夠真正改變學生生活、推動學校發展的教育研究，而非純理論性的研究）。

王勝指出，大陸新教育實驗運動產生的背景，來自於民眾對於應試教育所產生的反省。在應試教育的背景之下，老師教學負擔很重，幸福感很低，學生學習壓力很重，家長也有沉重的焦慮。「在這種背景之下，我們要探索出一種讓學生『減負』、老師也能夠『減負』，而且還能夠在這種應試體制下獲得成長的路。這是一條不容易走的路，既要獲得分數，也要能過得輕鬆幸福，」王勝說。

新教育實驗區海門市的少年宮幼兒園裡不但大力推動親子閱讀，也設計了許多讓孩子探索的課程。

「完美教室」計畫，激發老師熱情

這樣一條民間教改之路，走得如何？從推動閱讀、到構築「完美教室」，從串聯老師共同學習，到推動各城市新教育實驗區，新教育很聰明的把著力點放在激發教師熱情，把老師當做教改的槓桿點。王勝說：「教育體制不是個人可以短時間改變的，但是你可以改變的是你的教室，你這堂課怎麼上、你這個教室怎麼帶，是你可以改變的。」新教育推出「完美教室」的行動計畫，鼓勵有理念的老師提出打造「完美教室」的構想。如果老師需要硬體的配備，例如，一間圖書室或投影機，新教育基金會在審核通過後，就會提供協助。但重點不在於提供硬體，新教育最重要的是為有理念的老師打造更多交流、學習的平台。例如，他們發展了中國最大的教育入口網站「教育在線」（www.eduol.cn）。在這網站上，老師可以把「完美教室」的故事上傳分享；也可以將教學設計、教學材料都串聯起來在上面匯集。新教育也固定在大陸各地巡迴舉辦

「開放週」活動。在「開放週」這一週，每次都會有二十所左右在當地推動新教育實驗的學校對外開放，讓其他地區的師生可以到這些學校去聽課、交流。「我們在做的就是交流、串聯、理想的喚醒，並提供一些專業支援、資金支持，」王勝說。這樣點點滴滴的教改薪火，不但影響著個別的老師，也慢慢觸及更廣的改變。例如，在海門市的中小學裡都在落實新教育實驗所推動的：晨頌課程（類似晨讀十分鐘）、完美教室等，他們也在幼兒園、社區大力推動親子閱讀。在海門市公立的少年宮幼兒園裡，不但有精心規劃的親子共讀空間，學校更提供繪本讓孩子帶回家親子共讀。新教育也經常安排專家，為這裡的老師、家長提供親子共讀的講座。十二年來，新教育實驗——這個經費主要來自於老師、企業與個人捐贈的民間非營利組織，已經發展出三十四個像海門這樣的新教育實驗區、一千一百四十八所實驗學校、八萬五千多位實驗教師，參與實驗的師生總數超過一百三十萬人。這個大陸民間版教改運動，不但成為官方教改的一面鏡子，也提供了實踐教育理想的一個新方向。

借用PISA，體檢教育

專訪上海PISA研究中心副主任 陸璟

第一次參加PISA評比，就拿下三個世界第一，上海PISA研究中心副主任陸璟分享他們的經驗。

Q 上海為什麼想要參加PISA評比？

A PISA是國際上比較有公信力的測試。而且我們的研究發現，PISA測試看教育的視角是值得我們借鏡的。因為它不僅看學生學術的成績，更看學生為生活做準備的能力、應對未來社會挑戰的能力，以及運用知識技能去實際解決問題的能力。這跟上海二次課改推動的素質教育、培養創新精神、實踐能力是拍合的。

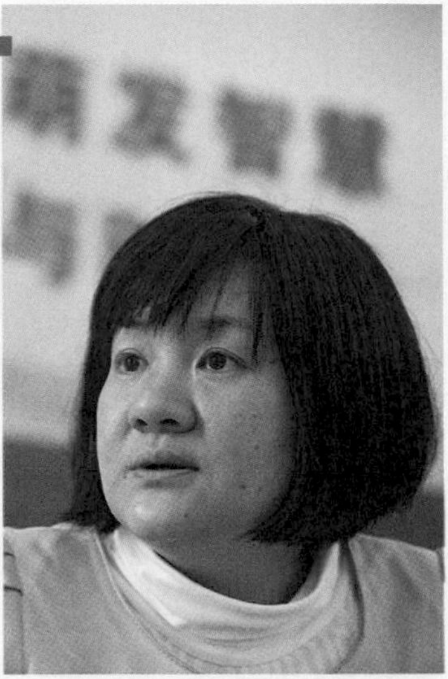
上海PISA研究中心副主任陸璟

另外，它不光有認知的測評，還有問卷。根據問卷跟試題本的分數可以看出來，如果成績好，是跟什麼因素有關；如果成績不好，又是什麼因素，找出背後影響的因素，可以改進政策。

在PISA問卷中也調查學生學習的時間、學生的興趣與家庭背景對成績的影響。以往在我們的考試很少會從這些角度去分析，我們想借鏡它的方法，逐步完善我們教育的質量監測系統，轉變以往比較單一、只看分數的教育質量觀點。

PISA跟上海二次課改推動的素質教育、培養創新精神、實踐能力是拍合的。

Q PISA成績出來之後，你們怎麼解讀？怎麼反應？

A 我們成績好，並不代表我們什麼都可以不做了。因為我們當初參加就是想要借一面鏡子，看看我們有什麼問題和不足，看看人家有什麼我們可以學習的。

整體看下來，我們的成績不錯，但負擔還是偏重了一點，不過相對於新加坡和台灣，我們還算輕。

我們想進一步減輕這個負擔，所以就做了很多「減負」的做法。主要有兩個，一個是小學的「快樂活動日」，就是小學每週要有半天時間以學生的活動為主，讓學生有機會走出去了解社會、了解生活，讓他們的學習有更多可以跟生活結合。

因為從各國看下來，學習時間長未必成績好。效率、效果，還有學生的興趣是很重要的。

第二個推出的行動，是針對整個中小學評價觀念的轉變，我們推出一個「中小學質量綠色指標」。綠色指標不是指環保，而是指學生的能力應該「高質量，輕負擔」。十個指標除了包括學業水平，還考慮學習的動力、學生的負擔，包括他的睡眠時間、課輔時間。指標也包括師生關係，因為在PISA的研究裡發現，師生關係是影響成績很大的因素。此外還有教學方法、學校領導等等。我們就是想轉變教育的質量評價觀，想更全面的來看教育的質量。

小學每週要有半天時間以學生的活動為主，讓學生有機會走出去了解社會。

另外，我們也去總結，為什麼上海的PISA成績好。我們分析之後，就發現上海高端的學生跟別國差別不大，但是我們在底部的學生比例是很少的，所以我們的成績好，主要來自於均衡，來自於我們沒有太差的學校。

所以我們就去發掘那些基礎比較薄弱、周邊社區家庭經濟背景比較差但搞得還有聲有色的學校，去總結這些學校的經驗，這個就是我們在著力推動的「新優質學校」，就是要打破以前大家對名牌學校的看法。傳統名牌學校就是考試成績好、升學率高。優質學校不是這樣的，而是要看學校的「增值」，就是如果你能把基礎比較薄弱、社區環境比較差的學校，辦成一個老百姓歡迎的學校，就是好學校。我們要轉變大家對好學校的觀念，這叫「新優質學校」，現在已經掛牌了二十五所學校。

例如，柳營小學原本很多小孩交上來的作業本都是魚腥味、很油膩，老師一開始很生氣；後來去家訪發現，孩子就在菜場邊吵雜環境下寫作業，老師很感動，就在放學以後為學生「留張桌子」，讓學生可以在學校做作業。

他們還有一個做法，從很小的習慣開始教，叫「八十一個好習慣」，分解到一個個很小的目標，預習、提問、有禮貌、講衛生等……

現在我們很多重點就是放在幫助薄弱的學校，理想的目標就是希望「在身邊就有好學校」。

「新優質學校」，就是要打破以前大家對名牌學校的看法。

好老師的關鍵詞是「懂兒童」

專訪上海華東師範大學課程與教學研究所所長 鐘啟泉

鐘啟泉不僅參與上海教改課程改造，也是大陸多份教改文件起草人之一，更在大陸積極推動「學習共同體」。

專訪中，他提出了對培育未來教師的看法及對台灣的觀察。

Q **去年你們剛公布了「教師教育課程標準」，教師改革工程的重點有哪些？**

A 中小學教育都改了，師範教育能不改嗎？「教師課程標準」的主題詞就是「為了每一個教師的成長」。教師不成長不行，改革的重點就是要把現行師範院校的教育學、心理學、教學發展的學科內容大大的改造，這些「老三門」，都是半個世紀以前的東西了。現在的教育是人性化的事業，當中有一個關鍵詞就是「兒童」。未來的教師要懂得研究兒童、尊重兒童，這樣你才能夠發展兒童，這是做教師的基本前提。就好像醫生，你不研究病人，這是笑話。

上海華東師範大學課程與教學研究所所長鐘啟泉

現在各個師範大學都要重新編寫教育老師的教科書，「老三門」也要開始多樣化、模組化。教師教育的課程一定不是學科中心，不能太遠離他的課堂，因為愈是扎根於老師現場的要求，他的學習吸收愈是有效。也就是說，要專注於怎麼提高老師的課堂教學、怎麼改進教育，離開這些東西都是胡說八道。

第二，愈是扎根於教師鮮活的經驗，愈是有效。一些老師有好的經驗，可是你沒有把它提煉出來，現在要把它提煉出來，分享、交流。

第三，愈是扎根於教師的實踐與反思愈是有效。教師最重要的資產就是實踐智慧。實踐智慧哪裡來？就是通過自身的反思來的。

也就是說，老師的培育第一要以兒童為本位。第二要以實踐中心代替學科取向。第三，要終身學習。

Q **培育老師的教材最大的改變有哪些？**

A 最大的改變就是從問題出發，不是從定義出發。課堂教學要情境化，不是定型化，不能照套。不能說每堂課都是五個步驟照套，沒用的。要把問題情境化，前提是要了解學生。

Q **在這樣的時代，什麼樣的人適合去當老師？**

A 當老師要有興趣，不感興趣的、沒有教育信念的都不行。所以我們在編寫老師教育課程的時候，把教育信念擺在很重要的地位，是一種追求。沒有教育信念，光是有點學科知識，不行的。

Q 幾年前你到台灣參訪過，有什麼觀察？

A 台灣傳統到讓我非常吃驚！那時台北還在堅持要回到一綱一本，哎喲！台灣怎麼這樣子！好像不在世界上一樣？很怪！你們應該比大陸更開放，可是怎麼不是這樣？大陸也有人提倡一綱一本，但是不敢聲張，因為知道這是落後的，台北是雄赳赳的要一綱一本！還有大學的錄取分數很低，二十分也可以進大學，這也是笑話。

專訪二十一世紀教育研究院副院長 熊丙奇

上海是微觀教改，台灣是宏觀教改

長期研究升學考試制度的大陸知名教育學者熊丙奇，對於上海的二次課改，提出了不同的觀點，也對台灣正在推動的十二年國教，提出了他的分析與建議。

Q 上海現在進行的二次課改，強調實踐、創新，要改變應試教育的弊病，你覺得實際上做得如何？

二十一世紀教育研究院副院長熊丙奇

A 我們喊素質教育已經喊了二十五年了，但現實情況是，學生的學習壓力比二十五年前還重，因為我們的考試、評量機制沒改。我們的基礎教育只關注語文、數學、外語、科學，就是因為我們中考、高考的科目是這些，所以成了中學教育的核心。

Q 雖然考試制度沒改，但的確看到上海課堂裡的教法都在改變？

A 上海是改得比較快的，因為它有基礎。但你去調查看看，上海人對教育的滿意度是不高的，最大的抱怨是學生的課業壓力。我們學校三點半放學，也規定功課要控制在幾分鐘內、課堂上也做了改革，從學校來看，課業壓力應該要減輕了。但是調查結果顯示，學校外的壓力增加很多，是家長給的壓力。於是很多人就罵家長不理性，給孩子施加壓力；可是家長反過來說，是因為你考試制度是這樣，我想孩子進好的學校必須這樣做。你學校雖「減負」了，卻反過來增加家庭很多負擔。

Q 很巧的，台灣現在正在做一個升學制度的改革，我們要廢除基測，推動十二年國教，你怎麼對照上海的課改跟台灣的這次教改？

A 我們這邊一直在進行教育改革，但我覺得這是微觀改革，微觀改革起的效果是很有限的，台灣做的是宏觀改革。你們很想做一次很大的教育均衡改革。

但必須注意一個問題，如果你們的小學、中學教育不均衡，在不均衡的狀況下，去取消基測，用學區方式入學，最後是做不到的。所以重點是中小學教育要夠好、夠均衡，你才可以去做這事情。第二，如果你們這事要做好，你們高中的公辦教育要均衡，質量要差不多，質量夠好之後，學生上哪個學校都不成問題，而私立學校可以保持一種差異化的選擇。可是如果你們的公立學校都不均衡，必然會導致學生與家長的擇校問題。

我們的教改困境在於，我們突破不了制度本身對學生的局限。而你們那邊的改革，現在可能會很困難，但如果制度真的能夠改好，制度設計好了，那麼後面的課程改革、教材改革等，自然會做出來，不會產生太大的問題。

如果公立學校都不均衡，必然會導致學生與家長的擇校問題。

PISA到底是什麼？

文一賓靜蓀

涵蓋了九成世界重要經濟體，全球已有破百萬名中學生接受過評量，PISA評比已是全球教改的重要指標，它到底怎麼考，讓世界如此重視？

影響全世界教育走向的PISA評比，其指標作用愈來愈重要且明顯。它是OECD（經濟合作暨發展組織）每三年大規模舉行的一項測驗，目的在評估十五歲青少年的閱讀、數學和科學素養。從二〇〇〇年起，參與PISA的國家從四十個，增加到今年的六十八個，涵蓋了九成的世界重要經濟體，已有超過一百萬名全世界的中學生都接受過評量。

PISA評比內容涵蓋閱讀、數學和科學三個領域，每三年一次、輪流針對一個主要學科領域做詳細測試。例如，二〇〇九年以閱讀為主科，二〇一二年以數學為主。每次評比都有十三種題本（每十三個孩子就拿到一份不同的題本），約四十八到五十六頁，主科題目佔大部分。一般而言，測試時間約兩個小時。另外，學生還需花三十分鐘完成一份約二十多頁的問卷，回答有關個人習慣、環境、動機、當年主科的學習策略等問題。世界各國在制訂、調整教育政策時，都會以PISA為重要的參考依據。台灣於二〇〇六年第一次參加，從此再也不能自外於世界教育潮流和國際評比。

評量目的——

檢驗十五歲青少年是否具備參與未來社會所需的基礎知識和技能

翻開ＰＩＳＡ的測驗試題（見八八頁），任何一位關心教育的讀者，都可以立刻辨識出這項被國際社會普遍接納的評量目的。ＰＩＳＡ將十五歲青少年視為「準大人」，評量目的在於檢驗他們是否具備參與未來社會所需的基礎知識和技能（ＰＩＳＡ稱之為「素養」）。因此它強調學生能夠在生活中靈活應用在學校習得的知識，而非複製學校課程的內容。

「生活化」和「應用」是ＰＩＳＡ評比的兩個關鍵字。思考、判斷和自學能力是ＰＩＳＡ評比三大素養最重視的核心能力。以閱讀為例，它包含三個層次：

擷取資訊的能力——能從閱讀的文本中，找到所需的資訊。

解讀資訊的能力——閱讀後，能否正確解讀資訊的意義。

思考和判斷的能力——將所讀內容，與自己原有的知識、想法和經驗相連結，綜合判斷後，提出自己的觀點。

因為生活中得面對不同的閱讀素材，所以ＰＩＳＡ閱讀測驗題目類型很多元，有大家熟悉的「連續性文本」，如小說、個人信件等以文字為主的內容；還有「非連續性文本」，如表格、地圖、廣告等。ＰＩＳＡ認為閱讀能力愈強的人，愈有能力從上述文本中蒐集、理解、判斷資訊，並進一步正確統整、詮釋，還能加以反思批判。

同樣的，ＰＩＳＡ在評量數學和科學素養時，將學生視為「解決問題的人」，強調學生在不同的情境脈絡中，能辨識、實作／解釋、運用數學或科學現象或證據的能力。三大素養外，ＰＩＳＡ還強調十五歲青少年必須發展溝通、適應、有彈性、解決問題、使用科技的能力，才能做好現代公民的準備。

評量試題——

選擇、封閉式／開放式問答考驗批判和推估能力

因為強調思考和判斷的能力，PISA評量的試題，不論在閱讀、數學、自然科學方面，都包括選擇、封閉式／開放式問答等三種題型。其中台灣學生

思考、判斷和自學能力是PISA評量最重視的核心能力。

很不熟悉的開放式問答題，沒有絕對的對錯，學生要自行根據文本、內容，或既有知識與經驗，提出批判或說明。台灣二〇〇九年PISA計畫的共同主持人、成大中文系教授陳昌明表示，PISA會逐漸加重開放題目，「學生要用既有的知識、經驗和技巧，去面對一個新的問題，去解決一個未曾碰過的問題，所以找證據和推估的能力很重要。」

根據台灣PISA中心的研究，二〇〇九年台灣少年的閱讀素養表現平均，程度中等。儘管略高於OECD的總平均，但「拔尖」人數（高分群屬於水準五、六級），只有上海的四分之一、香港的一半；而未達水準二、屬於補救教學對象的「低分群」人數則三倍於上海、兩倍於香港（見三九頁圖表）。顯示

想更了解PISA

詳細資料可參考：

台灣PISA 國家研究中心網站 http://pisa.nutn.edu.tw

PISA 官網 http://www.pisa.oecd.org

台灣孩子可以進行一般性的文章閱讀，簡單的問題釐清，但普遍缺乏反思和批判的能力。台灣少年在數學和科學的表現也類似。PISA的背後，重要的不是「排名競賽」的結果，而是揭示了一個全世界教育的共同趨勢。

4. 圖二是根據以下哪一項假設來製作的？

A 岩石藝術圖上的動物在繪製的時候就已經存在。 *

B 繪製動物的藝術家技巧十分高超。

C 繪製動物的藝術家曾到很多地方旅行。

D 沒有人想要飼養在岩石藝術圖上所描繪的動物。

5. 你要搜集圖一和圖二的訊息來回答這個問題。 犀牛、河馬和野牛從撒哈拉岩石藝術圖中消失是起於

A 最近一次冰河時期開始時。

B 乍得湖湖水最深的中段時期。

C 乍得湖湖水深度持續下降已一千多年後。 *

D 不間斷乾旱時期開始時。

閱讀試題範例2：塗鴉

為了去掉牆上的塗鴉，這次已經是第四次清洗學校牆壁，這真的使我氣極了。創作本來是值得欣賞的，但創作的方式不應該為社會帶來額外的開支。

為什麼要在禁止塗鴉的地方亂畫東西，損壞年輕人的聲譽？專業的藝術家不會把自己的作品掛在大街上，對嗎？相反的，他們會透過合法的展覽來賺取收入和名聲。

我認為樓房、籬笆和公園的長椅本身就是藝術品了，在它們上面塗鴉只會破壞其風格，而且，這樣做更會破壞臭氧層。我真不明白這些可恥的的藝術家為什麼在其「藝術品」被一次又一次的清理後，還要不斷地亂塗亂畫。

嘉嘉

品味是無法言喻的。社會上充滿了各種各樣的溝通方式和廣告宣傳，如公司的標誌、店名，還有矗立在大街兩旁各種擾人的大型廣告牌。它們是否獲得大眾接受？沒錯，大多數是。而塗鴉是否獲得大眾接受？有些人會接受，但有些人則不接受。

誰負責塗鴉所引起的費用？誰最後負擔廣告的費用？對，就是消費者。

那些樹立起廣告牌的人有沒有事先向你請示？當然沒有。那麼，塗鴉者應該要事先請示嗎？你的名字、組織的名字，和街上的大型藝術品，這些不都只是溝通的方式嗎？

試想想數年前在商店裡出現的條紋和格子花服裝，還有滑雪服飾。這些服飾

2006年PISA樣本試題

閱讀試題範例1：乍得湖

圖一顯示位於北非撒哈拉乍得湖的水深改變狀況。約在公元前20,000年，最後一次冰河時期，乍得湖完全消失了。直至公元前11,000年，它又再次出現。今天湖水的深度仍然跟公元1,000年大致相同。

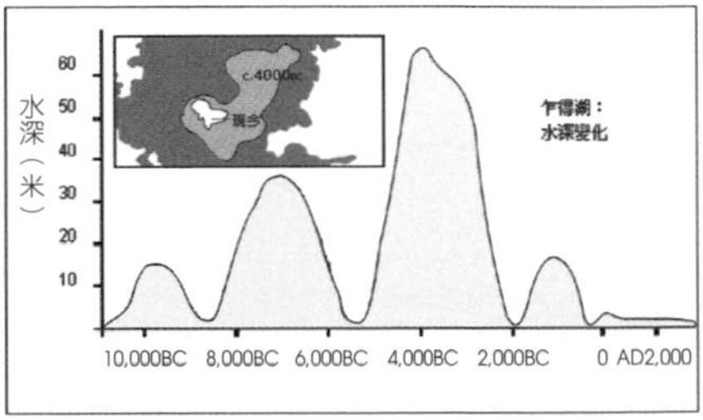

圖一

圖二顯示撒哈拉岩石藝術圖（在山洞石壁上發現的古代圖案或圖畫）和野生動物的變化樣式。

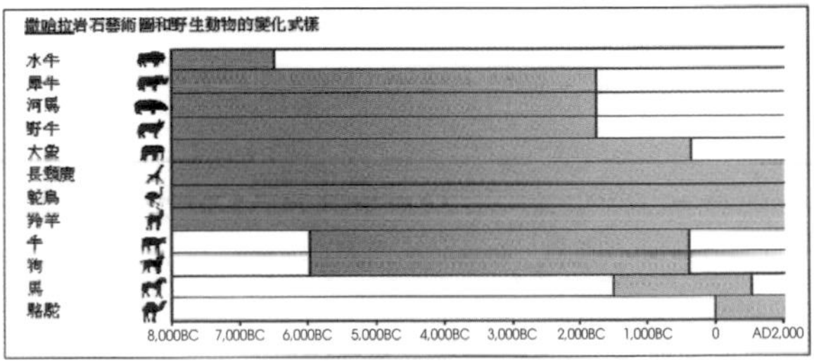

圖二

1. 乍得湖目前的湖水深度是多少？

   A 約2米 *

   B 約15米

   C 約50米

   D 它完全消失不見了

   E 並沒有提供資料

2. 圖一所描繪的圖表大約起自何年？

   ....

   ....

   （滿分答案：公元前11,000年。）

3. 為什麼作者選擇這一年做為開始？

   ....

   ....

   （滿分答案：指出湖的重現。）

1. 從起始線到最長一段直線跑道的開始處，距離大約為何？

A 0.5km

B 1.5km *

C 2.3km

D 2.6km

2. 在跑第二圈時，哪個地方速度最低？

A 在起跑線

B 約在0.8 km處

C 約在1.3 km處 *

D 約在軌道的一半

3. 你能說明在2.6 km到2.8 km之間的車速代表什麼意思嗎？

A 車速維持不變

B 車速增加 *

C 車速減少

D 無法由圖中判斷車速

4. 這裡有五個跑道圖：

沿著哪個跑道駕駛賽車，可繪出前述的速度變化圖？

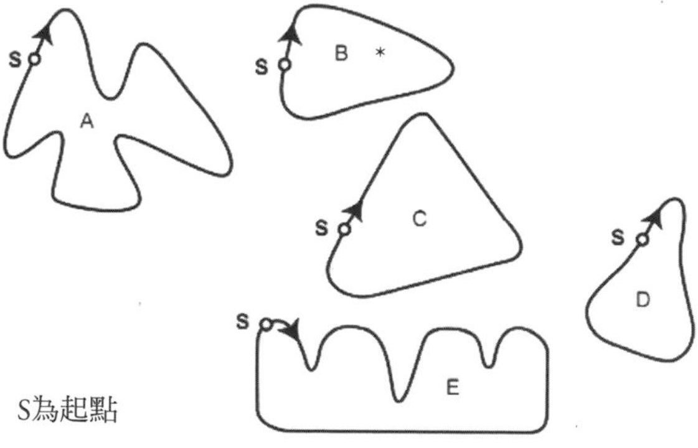

S為起點

註：*為各題標準答案。

資料來源：台灣PISA國家研究中心

的圖案和顏色就是直接從多姿多采的牆上偷來的。可笑的是，這些圖案和顏色竟然被欣然接受，但是那些有同樣特色的塗鴉卻被認為是討人厭的。

現在要做藝術真的不容易。　　**小雅**

上文是發表在網路上有關塗鴉的兩封信。塗鴉是指在牆上或其他地方不合法的畫畫或寫字。請參考信件回答下列問題。

1. 這兩封信的寫作目的都在：

   A 解釋什麼是塗鴉。　　B 發表對塗鴉的意見。*

   C 證實塗鴉的流行程度。　　D 告訴讀者清除塗鴉的成本。

2. 為什麼小雅會提到廣告宣傳？

   ……………………………………………………………………

   ……………………………………………………………………

   （滿分答案：意識到塗鴉與廣告的比較，答案須指出「廣告是一種合法性的塗鴉」。或者是，提及廣告是維護塗鴉的一種策略。）

3. 你同意哪一封信的論點？請參照兩封信件內容，並用自己的文字解釋答案？

   ……………………………………………………………………

   ……………………………………………………………………

   （滿分答案：藉著提及一封或兩封信件的內容，解釋觀點。）

4. 我們可以討論一封信件敘述的事情（它的內容）。

   我們可以討論一封信件撰寫的方式（它的風格）。

   不論你同意哪個作者的論點，你認為哪一封信寫得比較好？請根據其中一封信或者兩封信的寫作方式來解釋作答。

   ……………………………………………………………………

   ……………………………………………………………………

   （滿分答案：就其中一封或兩封信件的風格或形式來解釋意思。）

數學試題範例1：賽車速度

右圖顯示一輛賽車在跑第二圈時，沿著一段3km長的平坦跑道之速度變化。

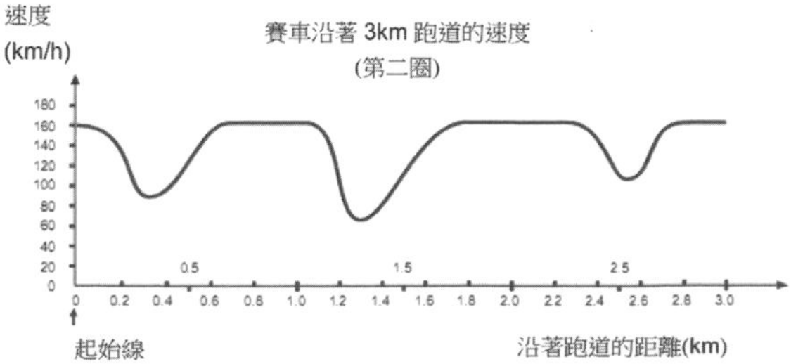

專訪PISA閱讀專家團隊主持人約翰・德容

動機，閱讀教學的關鍵

文—賓靜蓀

愈來愈受各國重視的PISA，二〇〇九年的閱讀題目不同於以往，特別強調閱讀動機，並出現電子文本，為什麼？為何特別強調語文應用的能力？自一九九九年即加入PISA閱讀專家團隊的約翰・德容，分享他對世界各國教育的觀察。

John DeJong 約翰・德容博士

PISA閱讀專家團隊主持人，也是歐洲語言測驗評量協會（EALTA）主席，並擔任荷蘭阿姆斯特丹自由大學語言測試學教授。

Q 二〇〇九年的PISA閱讀素養評比特別強調閱讀動機，為什麼？

A 閱讀素養的發展不僅限於知識和技巧的發展，還牽涉到動機、態度和行為。二〇〇〇年PISA的結果顯示，學生的閱讀表現和其閱讀涉入（engagement）有顯著的正面相關性。許多研究也發現，閱讀動機是最能影響一個孩子閱讀能力的關鍵因素，其重要甚至超越家庭的社經狀況。一般而言，家庭社經地位較高的孩子，閱讀的成績比較好。但我們發現出身低社經地位的孩子，如果有強烈的閱讀動機，他的表現可以比高社經地位的孩子還要好。

閱讀動機由一連串情感和行為上的特質組成，包括閱讀的興趣和樂趣，一種自己選擇讀本的自我控制感，以及多元和頻繁的閱讀習慣。這是此次評比特別強調的一點。

今年在針對學生的問卷裡,我們也加入有關閱讀習慣和動機的問題。我們強烈認為,這是學校老師唯一能夠發揮影響力的地方。如果老師鼓勵學生閱讀,讓他們養成閱讀習慣,孩子會有更高的成就。

我們看到幼兒總是急切的想學習一切,但為何很多孩子進入學校後,就逐漸喪失了學習動機和動力?因為從某種程度來看,教材不有趣,不夠吸引孩子,學習變成一種一定得做的任務,而非你想做的任務。如果我們努力創造一種讓孩子自己想去學的氣氛,教育就可以有所改變。

Q 第二個新的元素是二〇〇九年的PISA閱讀內容,除了印刷文本,也開始採用電子文本,為什麼?

A 今年的PISA在很多國家必須用電腦作答。因為電腦愈來愈普及,愈來愈重要。很多資訊都可以從網路取得，所以孩子必須學會使用網路，能夠處理大量資訊。譬如你google搜尋資料，結果有上千個超連結網站，資訊多到你無法全部閱讀，因此你必須能夠決定、選擇，哪些資訊是你需要的。這和過去完全不同。過去讀書，你只要從第一頁讀到最後一頁，讀完一本書，就能獲取資訊。但網路搜尋，你必須很快決定哪些資訊重要與否、正確與否，因此選擇、以及為什麼這樣選擇，就變成很重要的技巧。

Q

PISA的閱讀內容除了我們習以為常、以文字為主的連續性文本，還有所謂非連續性文本，如圖、表格等，為什麼？

A

因為我們看到今天的社會需要這樣的閱讀。很多資訊是以圖、表格方式呈現，十五歲的青少年是準大人，人們會期待他們去了解這樣形式的資訊。他們必須去詮釋，去判斷資訊是否正確，所以他們需要具備這樣解讀的能力。

Q PISA的閱讀素養非常強調語文應用的能力，這是為什麼？

A PISA的哲學是應用。我們不評估孩子們在學校學了什麼，我們評估的是他們學習的內容和技巧是否對未來的生活有用。不論他們要進入職場或繼續學習。我們要看的是十五歲孩子應用的能力，他們能否將所學用在未來的生活上。一旦他們離開學校，能否面對真實生活。我們的題目分布在四個範疇（個人、教育、職業、公共），因為這是孩子們未來要面對、需要了解的領域。例如，他們個人的生活會面臨許多閱讀的機會，十五歲孩子不可能完全停止學習，必須學會閱讀來學習，才能終身學習。很多學生開始兼職、打工，了解職場用語也很重要。國家的公共政策會影響到個人權益，因此有必要了解公共領域的辭彙，才能解讀這方面的資訊。

QA PISA如何評估孩子的閱讀能力？

我們將孩子的閱讀能力分成五個層級。平均層級達到三，就表示具備最基本面對每天生活的閱讀能力，他們能夠辨識資訊間的關聯性，能整合內文，並指出主要概念、關係、解釋單字或片語的含意。他們未來面對生活不會有太大問題。閱讀能力低於層級三的孩子，不論在生活或學習上都會有問題，因為他們不了解文本。

現在很多孩子的閱讀都傾向圖像式閱讀，PISA也有圖像閱讀，他們也可找到讀得懂的素材。但要獲得更高層級的能力，孩子必須能夠閱讀各種文本。因為身為現代公民，我們要有解讀各種資訊的能力，不論來自政府、公司、媒介、書籍。面對每天大量的資訊流，我們要能夠迅速擷取資訊、做出結論、形成創意和決定。更高層級的閱讀能力還要能處理互相抵觸的資訊，以正反面的觀點來詮釋文本；並能統整文本中的潛藏訊息、或主體以外的概念，提出批判性、逆向思考的判斷。

現在很多青少年寧願玩遊戲也不喜歡看書，我認為某些遊戲很有建設性，但那些只玩射殺遊戲的人，就不太容易發展出高層次的閱讀能力了。這也是教育界應該思考的地方，為何青少年都喜歡玩線上遊戲？因為它們「涉入性」很高，遊戲設計者知道如何吸引學生，提高動機、激勵他們，教育體系應該模仿這些遊戲背後的吸引創意。如果有一本地理書，能讓學生廢寢忘食的閱讀六個小時，不是很棒嗎？

Q 你認為要十五歲孩子擁有PISA要求的能力，是否太過苛求了？

A 我們認為十五歲孩子已經是一個準大人，他們必須為自己的人生做好準備。有些國家的十五歲青少年已經開始工作，教育體系必須替他們準備好，讓他們具備閱讀知識或技巧，例如簽署契約時，他們得看得懂條文。十五歲的孩子已經不太聽父母的話了，他們要往前走，找自己的路。但如果他們不具備找路的能力和技巧，他們會找錯路。

Q 你期望學校如何替孩子做好這些準備？

A 這真是個重要議題。我們看到芬蘭、韓國，他們的孩子有很好的配備。有個觀點請謹記在心，教學不是為了獲得PISA的高分，而是讓孩子學到能力和技巧，做好面對人生的準備。

我們認為教育最主要的是，不論孩子的出身、家庭背景，都能在教室中表現良好。有些國家會讓這一年沒學好的孩子，留級再學一年。但我們認為這是非常沒有生產力的教育方式。因為留在同一年級，所有教材都學過了，他一定覺得很無聊。他不會往前走，只會倒退。我在閱讀表現最好的芬蘭看到，他們協助那些能力不及的孩子、對學習有困難的孩子提供額外的教學。這些孩子需要特別的照顧和教育，芬蘭和韓國就在做這些事。

Q PISA二〇〇〇年後，你注意到全世界在教育上有哪些改善？

A 改革的速度很慢，需要十年以上才看得到教育體系的改變。整個社會要花時間去適應新的教法，而且體認新方法有其必要性。但從長期來看，教育是進步了，我父親上學時，我祖父告訴他，你十二歲了，學夠了，現在可以去工作。但我上學時，已經不是這樣。過去，只有一〇%的人能進大學，現在是五〇%，如果我們比較現在和過去，就可以看到改善。你很難在教育中衡量進步，因為很多事情同時在改變。

在學習方法上，背誦有時是必要的，協助孩子去記住知識；但光背誦不夠，如何應用知識才是重點。有些國家花更多時間，教孩子如何應用知識去解決問題。我們習慣背誦，因此要改變整個社會、老師的觀念，需要很多時間。芬蘭的教育不斷教孩子解決問題，老師很尊重學生，注意孩子想做什麼、正在做什麼，而且給予鼓勵，提高孩子的學習動機。學生也尊重老師。芬蘭也有考試，但不是整天考，他們的考試也比較多開放性的問題，比較像PISA。

PISA的重要性受到重視，愈來愈多國家願意參加PISA，表示愈來愈多國家想學習，想知道可以在教育上做哪些改變。有些國家比較在乎排行，卻不擔心實際結果凸顯出教育體系必須做的改變。其實，很多排行上的差異很小，是沒有意義的，例如美國和英國幾乎相同。很明顯的差異是，芬蘭表現非常優異，墨西哥則敬陪末座。像這種巨大差異有其意義，我們應該從中學習。

省思

台灣的教學一定要改變

專訪台北市新興國中校長 謝勝隆

去年底，台北市教育局長丁亞雯率領了一批中小學校長、老師到上海參訪了教學的第一現場。

台北市新興國中校長謝勝隆分享了他在參訪過後的一些省思，及對台灣教育的建議。

台北市新興國中校長謝勝隆

我認為上海教師的校內研修制度做得比台灣好的，第一、他們備課好。他們備課非常嚴謹，有備課組、有教研組，暑假開學前兩個星期就必須回來備課。

老師要先想好他要分配的那一課，他分享要如何教，其他的老師就給他回饋、意見，所以在備課的時候，他要提問哪些問題、把這課文章的重點、亮點、難點都討論過，要怎麼教。

我看了很感動，他們可以讓每一課教的內容都在水準之上，雖然每個老師都還可以有自己的創意，但每一堂課的上課品質都有一定的水準。而台灣太尊重老師，讓每個老師各自發揮，結果有人補充得多，有人不補充，憑老師個別主觀認定。台灣的老師每個人有自己的備課方式，幾乎沒有共同備課。

第二，上海每個老師每學期都要被觀課一次。自己至少要去觀課十節，看完課就會討論、評課，他們可互相觀摩，尤其是去看高級老師上課跟初級老師上課，是完全不一樣的感受。

他們的老師到學校的時候，是有個師父帶著他，跟著他學，參加研習、工作坊、寫報告，經過長時間的訓練，他就可以進到一個正軌的、穩定的教法。不像台灣的師培，是各自去實習半年，師資養成相形之下較不嚴謹。

上海教師的備課系統跟觀課系統是來自他們背後有個制度在支持。我們曾問他們的教研室主任：「老師會不會不來參加研習？」主任就愣了一下，他說：「我們這邊只有適不適應，沒有來不來的問題，都要來！不適應也要想辦法適應，有考核啊！」

他們還有教師分級制度，從初級、中級、高級到特級，老師有職涯發展制度。台灣的老師有的很資深，教得很好，但沒被肯定；而有些老師教得平平，雖然他很資深，也一樣教到退休。台灣的教師文化追求穩定，好的老師較容易被平庸化，大家都一樣，你幹嘛教那麼好？而會有這種氛圍，一部分是來自我們的制度，熱忱的老師，大概只能從學生的學習得到回饋，或頂多參加優良教師、參加師鐸獎得到肯定。

另一方面，上海的校長大部分是高級教師，在校內有一定的專業權威，他在校內做教學領導就很容易，因為他是高級教師。台灣校長養成比較傾向行政領導，課程、教學不被強調，所以校長要做教學視導的時候，會比較沒自信。因此，台灣的校長要培養這種能力，才能跟老師交換意見。

除了教師分級，上海在很多方面也都整合很好，例如教學研究、校內備課、培訓都是綁在一起，他們很專注在教學上可以怎麼提升，不像台灣，九年一貫之後，有各種議題教育，性平、人權、海洋、理財也要，什麼都要融入，形成教學額外負擔。

以國文課為例，閱讀能力包括解決問題、思考、反思、應用等這些非常重要的基本能力。如果這些能力可以教得好，其他議題才能夠去判斷，可是現在這麼多議題要融入，融到最後，老師很難教，容易失去核心，其實他的核心應該是把國語文教好。

我們也要思考，上海有個體制、結構性的力量在支持，台灣已走上民主化，不可能完全像上海一樣，我們要有自己的做法。例如，台北市的國中國語文輔導團現正辦理全市活化教學分區工作坊，推行提問思考，融入聽說訓練，讓學生學習聆聽、發表、參與討論。整個工作坊分三階段：首先進行教材分析、其次展開提問設計，最後進入教案設計及試做分享。

我們爲何沒教出PISA能力

為何先請老師做教材分析？由於現在教科書廠商把老師服侍得太好，提供教材光碟片、參考資料、評量題庫……老師好像幾乎不用備課，只要光碟片放進去，課文就跑出來，要連結去哪裡也都連結好了。

如果老師事前有想過、有看過還好，如果連看都沒看就直接用，這樣的教學是沒有經過設計的。其實，老師應該重新精讀課文，找出教學重點，並且分析教材難的地方、簡單的地方、文章特點等。我們希望老師在做教材分析的時候參考PISA的閱讀思考歷程，它包括三大部分，一是訊息的擷取與檢索，第二是形成廣泛理解與發展解釋，第三是省思文本形式與內容，其實這類似國文教學的歷程。

老師當然會問：「這跟我們的國文教學有什麼關係？我們為什麼要學PISA模式？」但我們不應迴避，更應深入探究為什麼我們成績這麼差，代表什麼意義？是老師少教還是教法有問題？而不是說我們還好，畢竟PISA是評估國力的一種測驗。我們接觸很多現場的老師，他們會說：「因為基測框住了我們，沒有辦法發揮我的教學專業。」那麼現在即將邁入十二年國教了，沒有基測，老師你要怎麼做？

其實就是要回到閱讀能力的培養，當仔細解讀國中的國語文能力指標時，會發現PISA所測的能力，在國中的能力指標就有了，只是我們沒有教出來，因為我們都只為了考試反覆測驗，變成考試訓練。而為什麼老師不敢出手寫題（問答題），因為考卷很難批改，問題及答案很難掌握，這都需要同科老師共同討論。

現在出填充題，都是在考標準答案，但真正的閱讀能力不只是這個，老師必須把提問設計這塊補起來，並且在課堂教學使用，讓學生可以練習寫出來或講出來。

句。午休讀，午休時間不一定要強迫睡覺，只要不出聲，可以看書。有時以班為單位，老師指導如何寫讀書心得，或讀經典，靜下心來。睡前讀則希望親子共讀，建立親子關係，培養學生靜心，去除浮躁。看他們這樣閱讀，我心裡好緊張。上海也進行教改，語文教材愈改愈厚。我們的七年級一學期才十二課，他們有四十二課，從散文到文言文、新詩、小說、科普、報導、翻譯文學都收錄。但老師只講解精讀部分，很多白話文都略讀，他們的進度已經超前台灣，我們的國中讀本，他們小學就已經讀過了。我有一個學生國二時轉去上海，但跟不上，國三下又回來了，還問我來不來得及準備基測。他們的考試也和我們不一樣，有默寫，但只有精讀文章、古文、古詩才要背，而且就默寫幾句。他們的考題很多元，也有開放性問題，例如，要學生描述下雨天在雨中行走的感覺，或者要學生用譬喻法形容聲音。我們的考試讓孩子只是了解者，而非參與者、創作者。他們也背誦但不是全部。這樣的閱讀教育已經看到成果了。

（採訪整理／賓靜蓀）

上海小學語文教育觀察記

台北縣福和國中老師廖惠貞，四年前曾隨北縣國中國文科輔導團參觀上海中小學語文教學，以下是她的觀察。

上海小學教閱讀，都讓學生自己看、自己發表，然後老師引導、統整。老師會將孩子口頭報告裡的「亮點」提出來加以稱讚，例如，這點很好，這個想法不錯等，但不會強加太多自己的意見。學生報告時，老師也會將特殊句寫在黑板上，再加以強調、解釋。老師耐心的等同學回答，不像我們有進度壓力，老師等不及就替學生回答。而且他們強調，教閱讀不見得寫學習單，否則很容易壞了學生閱讀的興趣，這點我非常認同。閱讀課上有小組共讀，各組共讀不同的書籍，再分別報告，或者老師按照主題，全班共讀同一本書。他們很強調自學、分工和團隊合作，每個人輪流代表小組報告，發言不會集中在少數幾個孩子身上。老師會給各組討論的重點，例如，我最喜歡的句子、感想、會學習書中主角的哪些做法等。他們也把朗讀這塊加進來，不會死板的、平平的照唸課文，而是很有情感的朗讀，表示也了解了。這所學校每天有三讀：課前讀、午休讀、睡前讀。課前讀就是上課前的預備讀，由早讀課值日班長每天早上到校，帶讀昨天教過的課文五到十分鐘，每個閱讀都有專題，例如，讀古書、名

【後記】

更接近現實的真相

許芳菊—《親子天下》總主筆

上海面積有台灣的六分之一，人口兩千三百零一萬人，幾乎和台灣差不多。在上海採訪九天的行程中，我和兩位攝影不僅跑遍了上海各區，甚至把採訪戰線拉到離上海兩個多小時的江蘇海門，這麼多面向的採訪，為的就是希望我們看到的不是樣板，而是較接近現實的情況。

在這些天的採訪中，分享幾則我覺得有趣的事：

◆沒有臉書的國度

原本想說來上海，每日上臉書跟親朋好友報告採訪狀況，也給各位報平安，但我卻忘了，這裡還是一個管制言論的國度，我早就應該知道，在這裡連不上臉書，甚至許多網站也都上不去。與我同行的攝影，立刻請教上海朋友，第二天就學會如何「越獄翻牆」連上臉書。所謂，上有政策，下有對策，中國人的聰明機智、甚至競爭力，也許就在這種管制中，不斷「越獄翻牆」出來。

◆上海的小資風情

在上海採訪，是一件讓人神經緊繃，血壓上升的事情。我在報導中也描述了一小段，我們如何在上班時間，勇敢站到馬路中間跟上海人搶計程車的事情。但除了緊張、壓力，上海這些年來，也出現了另一種浪漫情調，我在上海的友人稱這為「小資風情」。例如，在上海康泰路、華山路一帶，有許多特色餐廳、咖啡小館、甚至一些賣著文創精品的可愛小商店。我在由老街區改造的新熱門景點「田子坊」就逛的流連忘返，一條小小的巷子逛進去，柳暗花明又一村，pub、餐廳、藝品店跟來自各國的遊人，將這裡點綴的很夢幻。

還有一日採訪路過華山路上的丁香花園，就被這條路的風姿給迷倒。上海的法國梧桐樹，在春天看來特別美，梧桐樹如綠色隧道，樹的後頭盡是高級別墅，時光彷如回到上海灘法租界時代，很異國風情，那日我們在華山路上拍梧桐樹，拍的不捨得離開。不過剛坐上計程車，司機立刻將我們拉回現實，他先大大批判了上海的貧富不均，又取笑那些不斷興建中蓋起的高樓大廈，真的是一點文化水平也沒有，拿來跟華山路的別墅比，文化水平差太多了。接著他又談起薄熙來事件，為他大抱不平，還一直追問來自台灣的我們，對這些事情有什麼看法。我這時忽然間想起幾天前，一位上海友人評論薄熙來事件，他說：「你們台灣阿扁貪污的等級，在我們這邊只能算得上是科長層級的……」對於這些政治話題，我小心的不與回應。

雖然我是抱著借鏡上海教育的動機而來，但也一直清醒的了解，這是一個複雜的國家、複雜的城市，我絕不能寫出太過「天真」的報導，但在上海採訪這幾天，上海的教育變革，的確帶給我太多「衝擊」，這些「衝擊」，正是我想傳達給台灣讀者的。

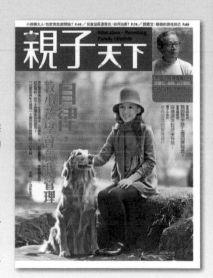

學習與教育系列 129

學習，動起來 2

上海：思考、提問、表達的學習

國家圖書館出版品預行編目(CIP)資料

學習，動起來. 2, 上海：思考、提問、表達的學習 / 許芳菊著、黃建賓攝影 --
第一版. -- 臺北市：天下雜誌, 2012.09 面； 公分. -- (學習與教育；129)
ISBN 978-986-241-595-5(平裝附光碟片)

1.教育改革 2.文集 3.上海市

520.92 101017681

作者／許芳菊
攝影／黃建賓
責任編輯／陳佳聖、江美滿
封面設計／黃育蘋
內頁美術設計／李宜芝

發行人／殷允芃
親子天下總編輯／何琦瑜
出版者／天下雜誌股份有限公司
地址／台北市104南京東路二段139號11樓
讀者服務／（02）2662-0332 傳真／（02）2662-6048
天下雜誌GROUP網址／http://www.cw.com.tw
劃撥帳號／0189500-1天下雜誌股份有限公司
法律顧問／台英國際商務法律事務所・羅明通律師
排版印刷／中原造像股份有限公司
裝訂廠／政春實業有限公司
總經銷／大和圖書有限公司 電話／（02）8990-2588
出版日期／2012年9月第一版第一次印行
2013年12月第一版第三次印行

定價／699元
書號：BCCE0129P
ISBN：978-986-241-595-5